Introduction

The goal of this book is to teach Hindi Grammar to a someone who is familiar with the English language, understands the essentials of Hindi script and has a basic vocabulary of words.

In the process of learning Hindi, this activity book would be the third in the Learn Hindi series of activity books. The first activity book introduced the basics of Hindi script through a set of games and activities. The second activity book builds the vocabulary by another set of puzzles and activities. This activity book teaches the basics of Hindi Grammar in a similar fun manner.

Hindi Grammar consists of three main parts (a) knowledge of the alphabet (b) knowledge of the different types of words and (c) knowledge of the sentence structure. Part (a) was covered in the first activity book. This grammar activity book focuses on parts (b) and (c).

We will begin the book by an introduction to different types of words in Hindi. Then we will look at the sentence structure of Hindi.

The different aspects of grammar are taught by means of matching puzzles, finding the path in a maze, solving cross-word puzzles, finding hidden words in a maze, and similar types of fun activities.

Hand over a set of crayons to the student with this book and see how it turns learning Hindi into an enjoyable affair.

Chanda Books
Email: chandabooks@optonline.net
Web: http://www.chandabooks.com

Copyright © 2008 by Dr. Dinesh C. Verma
Published by arrangement with Create Space Publishing

All Rights Reserved. No part of this book may be reproduced, stored, or transmitted in any form or by any means, electronic, mechanical, recording, scanning, digital or otherwise, without the consent of the copyright owner, except when permitted by law. All requests for permissions should be sent electronically to Email: <u>chandabooks@optonline.net</u>.

Table of Contents

Hindi Alphabet 5
Types of Words 6
Nouns 7
Gender 15
Numbers 23
Pronouns 31
Person 39
Adjectives 43
Verbs 51
Adverbs 57
Tense 65
Avyavas 71
Sentence 75
Case 77
Voice 83
Synonyms 87
Antonyms 91

3

Hindi Alphabet
वर्णमाला

The Hindi Alphabet consists of 13 vowels and 33 consonants. The sounds of Hindi are made by combining the consonants with the vowels. The base vowel अ is implicit in each sound made by a consonant.

Vowels (स्वर)

अ आ इ ई उ ऊ ऋ ए ऐ ओ औ अं अः

Consonants (व्यंजन)

क ख ग घ ङ
च छ ज झ ञ
ट ठ ड ढ ण
त थ द ध न
प फ ब भ म
य र ल व
श ष स ह

When a consonant are combined with a vowel other than अ, a new sound is produced which is a modified version of the base sound of the consonant. The modified sound is shown by a mark called a matra (मात्रा). The matras for क combined with all of the vowels in sequence are:

क का कि की कु कू कृ के कै को कौ कं कः

There are special symbols for combinations of consonants to make new sounds. Some commonly used combinations are क्ष (क्+ष), त्र(त्+र), ज्ञ(ज्+ञ) and श्र (श्+र).

Types of Words

Words in Hindi Grammar (व्याकरण) are divided into the following eight types. Match each Hindi word type with its English equivalent by drawing a line between the two.

Hindi

1. संज्ञा
2. सर्वनाम
3. विशेषण
4. क्रिया
5. क्रियाविशेषण
6. सम्बंधबोधक
7. समुच्चयबोधक
8. विस्मयादिबोधक

English

A. Pronoun
B. Noun
C. Verb
D. Adverb
E. Adjective
F. Interjection
G. Relational
H. Conjunctional

Note: विस्मयादिबोधक, सम्बंधबोधक and समुच्चयबोधक are known as अव्यय - or non-descriptive. They play supporting role to other five types of words.

Answers:
1. B
2. A
3. E
4. C
5. D
6. G
7. H
8. F

Nouns
संज्ञा

Nouns
संज्ञा

As in English, **संज्ञा** (noun) is the name of a person, place, thing or idea. Nouns can be any of the following:

Names of People:
राम, श्याम, सीता, अनिल, रिया ...

Names of Places:
भारत, अमेरिका, दिल्ली, शिकागो, ...

Animals:
कुत्ता, बिल्ली, शेर, चीता, ...

Types of Places:
नगर, देश, टापू, नदी, सागर...

Things:
मेज, कमीज, बिस्तर, कलम, ...

Fruits, Flowers or Vegetables:
सेब, नारंगी, गुलाब, जूही, ...

Groups:
लोग, दल, टोली, भीड़, ...

Emotions:
खुशी, दर्द, रोना, मुस्कान, ...

Attributes:
मोटापा, लम्बाई, चमक, भार, ...

etc.

Nouns
संज्ञा

Complete the paragraph below by inserting the missing nouns from the box below their pictures.

राम और सीता अपनी __________ में बैठे थे।

राम ने सीता को एक __________ दिया।

सीता ने राम को मीठे __________ दिये।

सहसा एक __________ वहां आया।

उसका रंग सुनहरा था और वह __________ से भी अधिक चमक रहा था।

सीता का __________ उस __________ के रूप ने मोह लिया।

फल, कुटी, हिरण, सूरज, दिल, कमल

Nouns
संज्ञा

Recalling that **संज्ञा** (noun) is the name of a person, place, thing or idea.

1. Circle the nouns in the following sentences:

राम स्कूल बस का इंतजार कर रहा था।

सोमवार की सुबह बस थोड़ी देर से आती थी।

उसे बस स्टॉप पर एक नया लड़का दिखाई दिया।

राम ने उससे पूछा "तुम्हारा नाम क्या है?"

"मेरा नाम श्याम है," उस लड़के ने कहा।

2. Indicate whether the following circled words are nouns or not: Write Yes or No in the answer sheet below

(क) [मम्मी] ने सोनू को एक (ख) [सिक्का] दिया।

(ग) [सोनू] सिक्के से खेलने (घ) [लगा]।

सिक्का (ङ) [लुढक] कर पत्तों में जा गिरा।

(च) [एक] (छ) [गिलहरी] को वह सिक्का दिखा।

Answer Sheet

क. ____________

ख. ____________

ग. ____________

घ. ____________

ङ. ____________

च. ____________

छ. ____________

Answers:
क. Yes
ख. Yes
ग. Yes
घ. No
ङ. No
च. No
छ. Yes

Nouns
संज्ञा

Write four **संज्ञा** that fall into the category that is described in the center of each diagram.

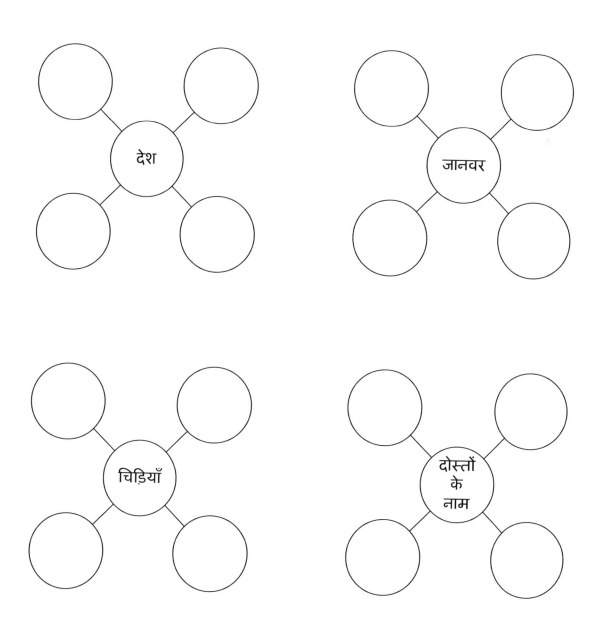

Nouns
संज्ञा

Chichi the Mouse is only allowed to hop onto hexagons that contain a संज्ञा. Find a way for Chichi to reach a piece of cheese. Which cheese piece does he get to eat?

Answer: He reaches cheese piece 1

Nouns
संज्ञा

Fill in the cross-word puzzle below using the hints shown below. All the words are nouns.

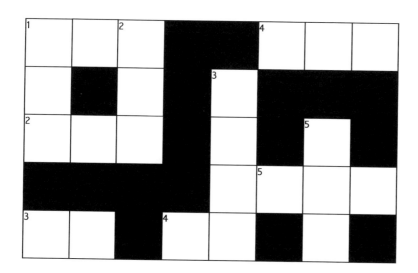

Across

1. पानी में उगने वाला एक फूल
2. धरती का एक हिस्सा
3. पानी
4. जंगल के पेडों से मिलती है
5. बदन का बाहरी अंग

Down

1. एक तरह का कपड़ा
2. एक किस्म का कर (टैक्स)
3. हर दिन जो आसमान में उठता है
4. एक मसाला
5. घर का एक हिस्सा

सूची/List

कमल	कमीज	जमीन
सूरज	जल	जीरा
लकड़ी	कमरा	चमड़ी
लगान		

Nouns
संज्ञा

Circle all the nouns in the story below.

राजा भर्तृहरि अपनी रानी पिंगला से अथाह प्रेम करते थे। एक दिन एक ब्राह्मण राजा के दरबार में आय। उसने राजा को एक विशेष फल दिया। उस फल को खाने वाला सदा अमर रहेगा। राजा ने फल रानी पिंगला को दे दिया ताकि वह सदा सुंदर बनी रहे।

रानी पिंगला भर्तृहरि की जगह राजा के रथवान से प्रेम करती थी। उसने फल रथवान को दे दिया ताकि वह सदा युवा बना रहे। रथवान फल पाकर बहुत खुश हुआ।

रथवान रानी पिंगला की जगह राजनर्तकी चित्रसेना से प्रेम करता था। उसने अमरफल चित्रसेना को दे दिया। उसने सोचा था कि चित्रसेना फल पाकर बहुत खुश होगी और उससे शादी कर लेगी।

चित्रसेना ने सोचा कि अमरफल का सच्चा अधिकारी तो राजा भर्तृहरि है। राजा उस फल का सेवन कर लम्बे समय तक देश का पालन कर सकेगा। उसने अमरफल राजा को दे दिया। राजा भर्तृहरि को वह फल देख कर बहुत आश्चर्य हुआ। पूरा किस्सा सुन कर उसको भारी आघात पहुंचा और उसने संसार छोड़ कर संन्यास ले लिया।

Gender
लिंग

Gender
लिंग

A **संज्ञा** can represent either male things or female things. When it represents something male, it is said to be **पुल्लिंग** type (male gender) and when it represents something female, it is said to be of **स्त्रीलिंग** type (female gender).

The following are the rules for determining gender.

1. Anything representing a male object is पुल्लिंग
    राम, श्याम, अनिल, लड़का, घोड़ा ...

2. Anything representing a female object is स्त्रीलिंग
    सीता, लड़की, घोड़ी, नारी, स्त्री

3. Abstract nouns ending in आ, आव, पा, पन, न are पुल्लिंग
    मोटा, पतला, उतराव, बुढ़ापा, बचपन, लेन-देन ...

4. Trees, places, body-parts, liquids and jewels are usually पुल्लिंग
    पीपल, नीम, आम, चना, टापू, नगर, देश, भारत, अमेरिका, सर, हीरा ...

5. Words ending in ख are usually स्त्रीलिंग
    ईख, भूख, राख, कोख, ...

6. Nouns ending with sounds of ई, ऊ, त, स, इया are स्त्रीलिंग
    रोटी, नदी, उदासी, बालू, रात, बात, छत, प्यास, साँस, कुटिया, चिड़िया...

7. Names of languages, scripts, rivers and dates are usually स्त्रीलिंग
    हिन्दी, अंग्रेजी, देवनागरी, गंगा, यमुना, पहली, दूसरी, पूर्णिमा, ...

8. All planets except Earth are पुल्लिंग
    मंगल, बुध, शनी, शुक्र, ...

9. All names for Earth are स्त्रीलिंग :
    धरती, पृथ्वी, धरा...

Gender
लिंग

A set of words and pictures are shown below. Draw lines from the man in the middle to the पुल्लिंग words and from the women to the स्त्रीलिंग words.

Gender
लिंग

The extra shy Sunita wants to go for a boat ride, but does not want to step on any stone that is marked with a पुल्लिंग word. Is there a way for her to reach the boat.

Gender
लिंग

Circle all the words that are पुल्लिंग below and underline all nouns that are in स्त्रीलिंग.

पुराने समय में इस जगह में दुष्यंत नाम का राजा रहता था।

एक दिन वह शिकार के लिये निकला।

वह घने जंगल में खो गया।

उसे एक मुनि की झोपड़ी दिखाई दी।

मुनि तो बाहर गये थे पर उनकी बेटी झोपड़ी में थी।

उसने दुष्यंत को भोजन और पानी दिया।

बेटी का नाम शकुंतला था।

दुष्यंत ने शकुंतला से विवाह कर लिया।

कई दिन बीत गये पर मुनी नही लौटे।

दुष्यंत को अपने राज्य की चिंता सताने लगी।

दुष्यंत ने शकुंतला को एक अंगूठी निशानी दी।

फिर वह वापस लौट गया।

Gender
लिंग

One can change a संज्ञा in पुल्लिंग to स्त्रीलिंग by these gender conversion rules.
1. If a पुल्लिंग word ends is आ, change it to end with ई.

पुल्लिंग	स्त्रीलिंग	पुल्लिंग	स्त्रीलिंग	पुल्लिंग	स्त्रीलिंग
घोड़ा	घोड़ी	दादा	दादी	बकरा	बकरी
चाचा	चाची	हरा	हरी	सीधा	सीधी

2. For ease of pronunciation, some words in rule 1 are also changed to इया

पुल्लिंग	स्त्रीलिंग	स्त्रीलिंग	पुल्लिंग	स्त्रीलिंग	स्त्रीलिंग
चूहा	चूही	चुहिया	चिड़ा	चिड़ी	चिड़िया
बेटा	बेटी	बिटिया	गुड्डा	गुड्डी	गुड़िया

3. If a पुल्लिंग noun ends is अ, change it to end with आ. For easy pronunciation, some of these ending in क change to इका

पुल्लिंग	स्त्रीलिंग	पुल्लिंग	स्त्रीलिंग	पुल्लिंग	स्त्रीलिंग
बाल	बाला	छत्र	छत्री	छात्र	छात्रा
लेखक	लेखिका	अध्यापक	अध्यापिका	बालक	बालिका

4. Many words change to स्त्रीलिंग by adding न, ending with इन, नी, आनी, आइन, इनी

पुल्लिंग	स्त्रीलिंग	पुल्लिंग	स्त्रीलिंग	पुल्लिंग	स्त्रीलिंग
माली	मालिन	मोर	मोरनी	सिंह	सिंहनी
नौकर	नौकरानी	सेठ	सेठानी	स्वामी	स्वामिनी

5. And some words have a totally different form when they change genders

पुल्लिंग	स्त्रीलिंग	पुल्लिंग	स्त्रीलिंग	पुल्लिंग	स्त्रीलिंग
पिता	माता	भाई	बहन	नर	मादा
बैल	गाय	आदमी	औरत	राजा	रानी

Gender
लिंग

Fill in the missing **पुल्लिंग** or **स्त्रीलिंग** entry in the table below.

पुल्लिंग	स्त्रीलिंग	पुल्लिंग	स्त्रीलिंग	पुल्लिंग	स्त्रीलिंग
पिता		राजा			औरत
बच्चा			नीली	पीला	
	शेरनी	चोर		सुरीला	
नाना		छोटा			मोटी
चूहा			देवी	धीमा	
हरा		माली		पती	

Match the **पुल्लिंग** and **स्त्रीलिंग** forms of the words in the two columns below.

1. नर — क. नाइन
2. हाथी — ख. हथिनी
3. गदहा — ग. ठकुराइन
4. ठाकुर — घ. गदही
5. नाई — ङ. मादा

Answers:
- ङ
- ख
- घ

4. ग
5. क

Gender
लिंग

A gender-balanced circle diagram is a figure in which the opposing circles contain words in the opposite gender as shown in the top-left diagram. Complete the three other diagrams so that they are gender-balanced as well.

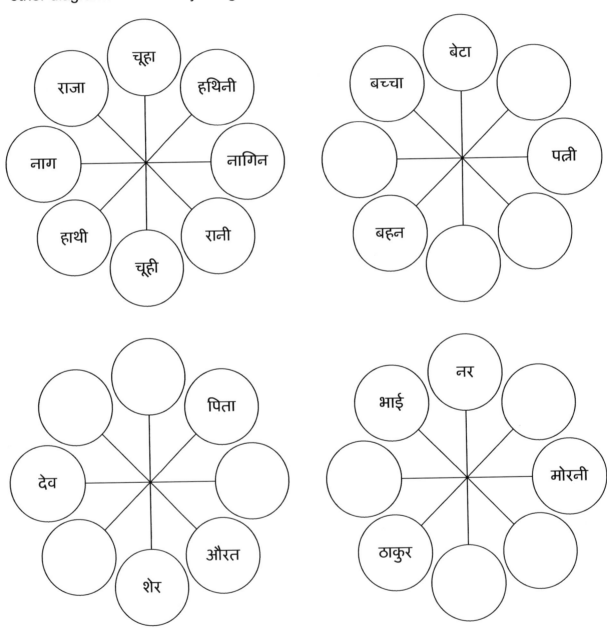

Numbers
वचन

Numbers
वचन

A संज्ञा can denote a single thing (एकवचन) or many (बहुवचन) things.

1. पुल्लिंग words ending is आ are usually made बहुवचन by changing ending to ए

एकवचन	बहुवचन	एकवचन	बहुवचन	एकवचन	बहुवचन
घोड़ा	घोड़े	केला	केले	बकरा	बकरे
गधा	गधे	कौआ	कौए	बेटा	बेटे

2. स्त्रीलिंग words ending in अ or आ are usually made बहुवचन by changing ending to एँ

एकवचन	बहुवचन	एकवचन	बहुवचन	एकवचन	बहुवचन
बहन	बहनें	गाय	गायें	बात	बातें
रात	रातें	माता	माताएँ	कला	कलाएँ

3. स्त्रीलिंग words ending in इ or ई are usually made बहुवचन by adding याँ and changing last ई to इ. स्त्रीलिंग words ending in या just change ending to याँ.

एकवचन	बहुवचन	एकवचन	बहुवचन	एकवचन	बहुवचन
लड़की	लड़कियाँ	नारी	नारियाँ	बिटिया	बिटियाँ
चिड़िया	चिड़ियाँ	गुड़िया	गुड़ियाँ	कली	कलियाँ

4. words ending in उ, ऊ or औ are made बहुवचन by adding एँ and changing last ऊ to उ

एकवचन	बहुवचन	एकवचन	बहुवचन	एकवचन	बहुवचन
वस्तु	वस्तुएँ	धातु	धातुएँ	बहू	बहुएँ

5. Some words are made बहुवचन by adding collective words like दल, वृंद, वर्ग, जन लोग while other words remain the same in both एकवचन and बहुवचन.

एकवचन	बहुवचन	एकवचन	बहुवचन	एकवचन	बहुवचन
गरीब	गरीब लोग	अमीर	अमीर लोग	बालक	बालकवृंद
गुरू	गुरूजन	जल	जल	राजा	राजा

Numbers
वचन

Fill in the missing **एकवचन** or **बहुवचन** entry in the table below.

एकवचन	बहुवचन	एकवचन	बहुवचन	एकवचन	बहुवचन
बिटिया		राजा			औरतें
बच्चा			छात्राएँ	माता	
शेरनी			चोरजन		गदहे
गति			सैनिकदल		कौए
चूहिया		देवी			बेटे
राह		पत्ता		बहन	

Match the **एकवचन** and **बहुवचन** forms of the words in the two columns below.

1. पैसा	क. गलियाँ
2. पड़ोसी	ख. पड़ोसी लोग
3. महल	ग. देशों
4. गली	घ. महलों
5. देश	ङ. पैसे

Answers:
- ङ
- ख
- घ

4. क
5. क

Numbers
वचन

A number-balanced circle diagram is a figure in which the opposing circles contain words in the different numbers as shown in the top-left diagram. Complete the three other diagrams so that they are number-balanced as well.

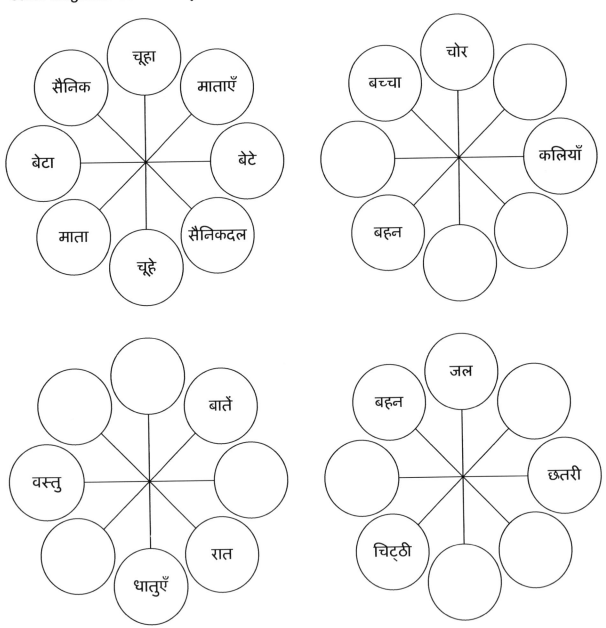

Numbers
वचन

Chichi the Mouse is only allowed to hop onto hexagons that contain a संज्ञा in बहुवचन. Find a way for Chichi to reach a piece of cheese. Which cheese piece does he get to eat?

Answer: He reaches cheese piece 3

Numbers
वचन

Fill in the cross-word puzzle below using the hints shown below.

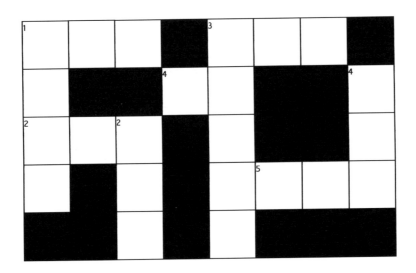

Across

1. लड़का का बहुवचन रुप
2. किस्सा का बहुवचन रुप
3. जब एक से ज्यादा नदी हो
4. दिया का बहुवचन रुप
5. वस्तु का बहुवचन रुप

Down

1. लड़की का बहुवचन रुप
2. एक नौकर (एकवचन)
3. Translate: New Clothes
4. Translate: Metals

Numbers
वचन

Circle all the nouns that are बहुवचन below and underline all nouns that are in एकवचन .

बाजार में बहुत भीड़ थी। लोग बहुत तरह की चीजें खरीद और बेच रहे थे। एक भिखारी भी बाजार में घूम रहा था। उसे एक थैली दिखाई दी। भिखारी ने थैली को उठा कर खोला। थैली में सोने के सौ सिक्के थे।

भिखारी आगे बढ़ा तो उसे एक व्यापारी दिखा। व्यापारी रो रहा था, "मेरे सोने के सिक्के वाली थैली खो गई है।" व्यापारी ने कहा, "थैली खोजने वाले को मैं पाँच सोने के सिक्के इनाम दूंगा।" भिखारी ने थैली व्यापारी को देकर इनाम मांगा।

पर व्यापारी के मन में लालच आ गया। उसने सोचा कि वह पाँच सिक्के बचा ले। व्यापारी ने भिखारी से कहा, "इस थैली में दो सौ सिक्के थे। तूने सौ चुरा लिये हैं।" यह कह कर उसने इनाम देने से मना कर दिया। दोनो आपस में लड़ने लगे।

बीरबल उधर से गुजर रहा था। लोगों ने उससे इस झगड़े को सुलझाने कहा। बीरबल ने सारी बात सुनी। वह व्यापारी की कुटिलता समझ गया। फिर उसने फैसला सुनाया, "व्यापारी की थैली में दो सौ सिक्के थे। भिखारी को मिली थैली में सौ सिक्के थे। साफ है कि भिखारी को मिली थैली व्यापारी की नही है।" उसने थैली भिखारी को वापस कर दी। व्यापारी अपना सा मुंह लेकर रह गया।

Pronouns
सर्वनाम

Pronouns
सर्वनाम

As in English, सर्वनाम (pronoun) is something that can stand for a noun. The following table lists the common pronouns and their corresponding words in Hindi.

English	Hindi
I	मैं
We	हम
You	तुम
You (polite)	आप
He/She	वह
They	वो

When your/mine/his/her are expressed in Hindi, the form is different depending on whether one is referring to male things or female things. Thus my sister would be मेरी बहन while my brother would be मेरा भाई.

English	Hindi (male)	Hindi (female)
Mine/My	मेरा	मेरी
Ours	हमारा	हमारी
Yours	तुम्हारा/तेरा	तुम्हारी/तेरी
Yours (polite)	आपका	आपकी
His/Her	उसका	उसकी
Theirs	उनका	उनकी
This	यह	यह
That	वह	वह

Pronouns
सर्वनाम

A सर्वनाम can stand for something indefinite or question who/what/when something was done.

English	Hindi
Who	कौन
Why	क्यों
Where	कहाँ
What	क्या
Someone	कोई
Everyone	सब
Here	यहाँ
There	वहाँ
Wherever	जहाँ
This	यह
That	वह

Some सर्वनाम like जो, जिस or जैसा are indefinite pronouns that need another pronoun later in the same sentence. Examples are:

जो करेगा सो भरेगा।
जो जीता वो सिकंदर।
जिसकी लाठी उसकी भैंस।
जैसा देश वैसा भेष।

A सर्वनाम can also refer back to oneself, e.g. आप
मैं आप यह काम करूंगा।

Pronouns
सर्वनाम

Babu the bear is only allowed to walk on stones that are marked with a सर्वनाम. He can only move between stones that touch each other. Can you find a way for Babu to reach his mother sleeping in the den?

Pronouns
सर्वनाम

In these circle diagrams, the Hindi and English versions of a pronoun need to occur in circles opposite to each other, as in I and मैं shown in first circle. Can you fill in all the other empty circles?

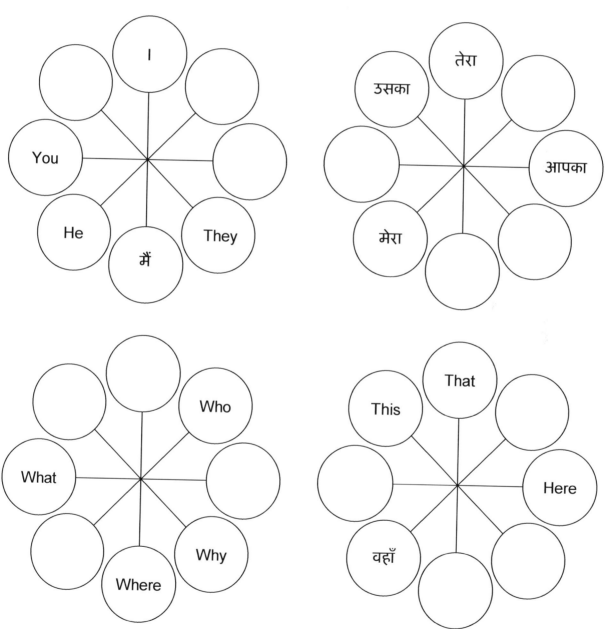

Pronouns
सर्वनाम

Circle all the सर्वनाम in this passage.

दक्षिण भारत में विजयनगर नाम का एक राज्य था। उसके राजा कृष्णदेव थे। उनकी सभा में कई विद्वान थे। उन में एक तेनालीराम थे।

एक दिन एक जादूगर कृष्णदेव की सभा में आया। राजा ने उसका स्वागत किया और पूछा, "आप कौन हैं और यहाँ क्यो आये हैं।" जादूगर ने कहा, "मैं कामरुप से जादू सीख कर आया हूँ। मैंने सुना है कि आपकी सभा में कई विद्वान हैं। मैं उनके सामने अपनी कला का प्रदर्शन करना चाहता हूँ।"

जादूगर ने कई जादू के खेल दिखाये। सब दंग रह गये। उसके बाद उस जादूगर ने सारी सभा को चुनौती दी। उसका दावा था कि विजयनगर का कोई भी विद्वान जो काम कर सकता है, वह काम वह आँख बंद कर करेगा।

सभा के सभी लोग उस जादूगर की कला से डर गये थे। उन्होने अपने सर झुका लिये। पर तेनालीराम ने उठ कर कहा, "मैं एक काम आँख बंद कर कर सकता हूँ जो जादूगर आँख खोल कर नही कर सकता।"

जादूगर ने कहा कि यह असम्भव है और उसने तेनालीराम को वह काम कर के दिखाने को कहा। सभा के बाहर रेत का एक ढेर था। तेनालीराम ने दो मुट्ठी रेत ली, अपनी आँखे बंद की, रेत आँखो पर फेंकी और आँखो को मला। फिर उसने मुस्करा कर जादूगर ने कहा, "जरा इस काम को खुली आँखों के साथ कर के दिखाना।"

जादूगर ने हार मान ली।

Pronouns
सर्वनाम

Draw a line between each Hindi सर्वनाम with its English equivalent pronoun.

Hindi	English
1. मेरा	A. I
2. मैं	B. My
3. तुम	C. Your
4. तुम्हारा	D. His/Her
5. उसका	E. You
6. कौन	F. You (Honorable)
7. कहाँ	G. Who
8. आप	H. Where

Answers:
1. B
2. A
3. E
4. C
5. D
6. G
7. H
8. F

Pronouns
सर्वनाम

Usually, a relational सर्वनाम changes its form according to the वचन and लिंग of the संज्ञा it is describing. Match the right form for each of the phrases below.

1. क. तेरा ख. तेरे ग. तेरी — केला 
2. क. तेरा ख. तेरे ग. तेरी — केले 
3. क. तेरा ख. तेरे ग. तेरी — कलम

4. क. मेरा ख. मेरे ग. मेरी — बेटा
5. क. मेरा ख. मेरे ग. मेरी — बेटे
6. क. मेरा ख. मेरे ग. मेरी — बेटी

7. क. उसका ख. उसकी ग. उसके — बच्चा
8. क. उसका ख. उसकी ग. उसके — बच्चे
9. क. उसका ख. उसकी ग. उसके — बच्ची

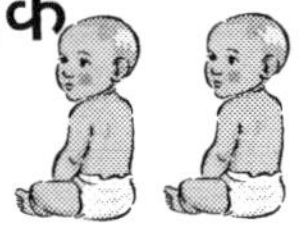

10. क. राम का ख. राम की ग. राम के — घोड़ा
11. क. राम का ख. राम की ग. राम के — घोड़े
12. क. राम का ख. राम की ग. राम के — मुर्गी

Answers:
1. क
2. ख
3. ग
4. क
5. ख
6. ग
7. क
8. ग
9. ख
10. क
11. ग
12. ख

Person
पुरुष

Person
पुरुष

A **सर्वनाम** is said to be in **उत्तम पुरुष** (best or first person) when it refers to the speaker. It is said to be in **मध्यम पुरुष** (middle or second person) when it refers to the listener, and **अन्य पुरुष** (other or third person) otherwise. A noun would typically always be in third person.

Using the information in the preceding pages, can you connect the clouds to the different pronouns that are in the **पुरुष** mentioned in the cloud.

मैं उसका वह तुम्हारा

उनका

हम

तुम लोग

मेरा

वो

आप

अपना

तुम वह तेरा

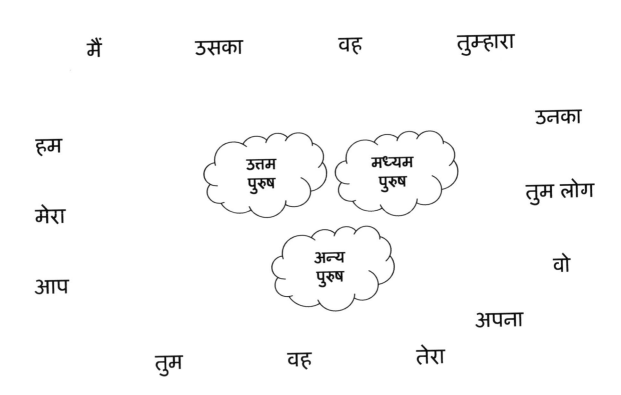

Person
पुरुष

Some of the toffees on this page are marked with a pronoun in उत्तम पुरुष. Can you circle and color all the toffees of that nature.

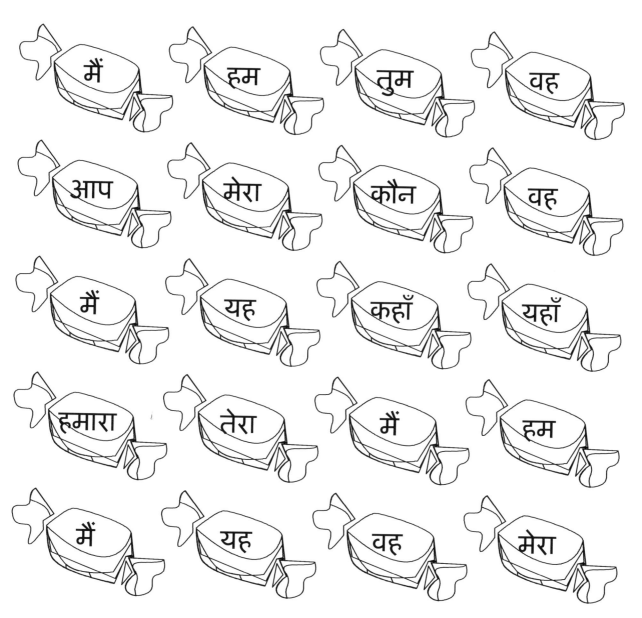

Person
पुरुष

Translate the following sentences into Hindi using a सर्वनाम in the right पुरुष.

1. My cat is black.

_________ बिल्ली काली है।

2. Your bird is white.

_________ चिड़िया सफेद है।

3. His house is far.

_________ घर दूर है।

4. His mother is happy.

_________ माँ खुश है।

5. His father is happy.

_________ पिता खुश हैं।

6. Her garden dried up.

_________ बगीचा सूख गया।

7. Her cat is missing.

_________ बिल्ली खो गई है।

8. Your room is clean.

_________ कमरा साफ है।

1. मेरी
2. तुम्हारी/तेरी
3. उसका
4. उसकी
5. उसके (note honorific plural)
6. उसका
7. उसकी
8. तुम्हारा

Adjective
विशेषण

Adjective
विशेषण

A विशेषण tells the attributes or properties of a संज्ञा. It can:

Indicate the colors of an object, conditions or shape
लाल, नीला, हरा, पीला, सफेद, काला, चमकीला, फीका ...

Indicate the condition of a person or object
पतला, मोटा, सूखा, गीला, गाढ़ा, पिघला, हल्का, भारी,, गरीब, अमीर ...

Indicate the shape
गोल, चौकोर, फूला, पिचका, सुडौल, नुकीला ...

Indicate behavior or nature
अच्छा, बुरा, बहादुर, डरपोक, सुन्दर, झूठा, ...

Indicate taste
मीठा, खट्टा, नमकीन ...

Indicate position
अगला, पिछला, पहला, दूसरा ...

Indicate place of origin
भीतरी, बाहरी, पंजाबी, अमेरीकी, जापानी ...

Indicate direction
उत्तरी, दक्षिणी, पूर्वी, पश्चिमी, ...

Indicate amount in relative terms
कम, ज्यादा, थोड़ा, दुगुना, तिगुना, चौगुना ...

Indicate amount in absolute terms
<u>एक</u> लड़का, <u>दो</u> बच्चे, <u>आधा कप</u> दूध ...

Point towards someone
<u>यह</u> लड़का, <u>वो</u> बच्चे, ...

Adjective
विशेषण

Fill in the missing blank boxes with a **विशेषण** from the box shown below. Write each word so that only one syllable (a consonant or consonant cluster with a matra) is in each box. Now copy the syllables in the boxes marked with special symbols in the bottom line to find out what the secret message on this page is.

एक [ ][ ][ ] कबूतर को एक [ ][⌖] सेब दिखा।

एक [✸][ ] कौवा भी वहाँ आ गया।

[ ][ ][ ] कौवा कबूतर से लड़ने लगा।

कबूतर ने कौवे को [⅄][ ] फल दे कर सुलह करनी चाही।

पर [ ][ ][ ][ ] कौवा नही माना।

[◇][ ][ ][⊙] कबूतर [ ][○][ ][ ] कौवे से हार गया।

कौवा सेब [⌖][ ][ ] जमीन में छुपा कर सो गया।

[☆][ ] कौवे के पास से [ ][ ][✖] कबूतर सेब उठा कर ले गया।

सूचीः
आधा, कमजोर, काला, चतुर, बदमाश, मजबूत, लाल, लालची, रेतीली, सफेद, सोते

Secret Message: [✸][⌖] [◇][⌖] [☆] [⅄][○] [✖][⊙]

Adjective
विशेषण

Write eight **विशेषण** that can be used to described the noun/pronoun in the center of the each of the figures below. .

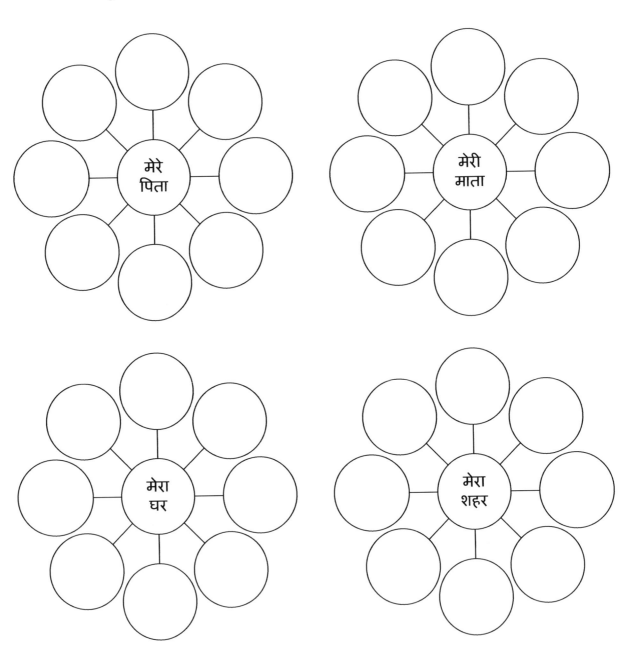

Adjective
विशेषण

Match the **विशेषण** in left column to the one in right column with the opposite meaning.

Left

1. मोटा
2. नाटा
3. छोटा
4. सोता
5. अपना
6. सूखा
7. नीचा
8. सच्चा
9. बुद्धू
10. धीमा
11. पुराना
12. मंहगा

Right

क. लम्बा
ख. बड़ा
ग. पतला
घ. पराया
ङ. गीला
च. जागता
छ. चालाक
ज. ऊँचा
झ. झूठा
ञ. सस्ता
ट. तेज
ठ. नया

Answers:
1. ग
2. क
3. ख
4. च
5. घ
6. ङ
7. ज
8. झ
9. छ
10. ट
11. ठ
12. ञ

Adjective
विशेषण

Recalling that विशेषण (adjective) qualifies a noun or a pronoun, circle the adjectives in the following paragraph.

भारत विश्व का सबसे *बड़ा* लोकतंत्र है।

प्राचीन भारत में *वैदिक* सभ्यता का प्रचलन था।

इस सभ्यता का आरम्भ सिंधु तथा सरस्वती नदियों के बीच के *मैदानी* इलाके में हुआ।

पर बाद में *यह* सभ्यता *सम्पूर्ण* उत्तर भारत में फैल गई।

सभ्यता का *मुख्य* क्षेत्र गंगा और उसकी *सहायक* नदियों का मैदान था।

गंगा को आज तक भारत की सबसे *पवित्र* नदी कहा जाता है।

वैदिक सभ्यता के *प्रमुख* ग्रंथ संस्कृत भाषा में लिखे गये थे।

संस्कृत के *अनेक* शब्द हिंदी में प्रयोग किये जाते हैं।

तत्सम शब्द हिंदी और संस्कृत में एक *समान* ही होते हैं।

तद्भव शब्द संस्कृत से आये हैं पर वह हिंदी में बदल जाते हैं।

Adjective
विशेषण

Usually विशेषण change their form according to the वचन, लिंग and पुरुष of the संज्ञा or सर्वनाम they are describing. Select the correct form of the विशेषण in these phrases.

1. क. पीला
   ख. पीले
   ग. पीली
   केला

2. क. पीला
   ख. पीले
   ग. पीली
   केले

3. क. पीला
   ख. पीले
   ग. पीली
   कलम

4. क. लम्बा
   ख. लम्बे
   ग. लम्बी
   लड़का

5. क. लम्बा
   ख. लम्बे
   ग. लम्बी
   लड़के

6. क. लम्बा
   ख. लम्बे
   ग. लम्बी
   लड़की

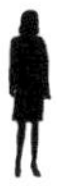

7. क. नन्हा
   ख. नन्ही
   ग. नन्हे
   बच्चा

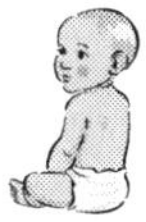

8. क. नन्हा
   ख. नन्ही
   ग. नन्हे
   बच्चे

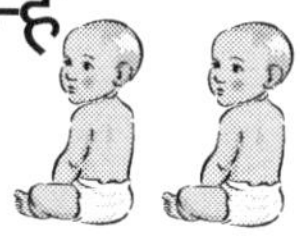

9. क. नन्हा
   ख. नन्ही
   ग. नन्हे
   बच्ची

10. क. धीमा
    ख. धीमी
    ग. धीमे
    कछुआ

11. क. धीमा
    ख. धीमी
    ग. धीमे
    कछुये

12. क. धीमा
    ख. धीमी
    ग. धीमे
    बतख

Answers:
1. क
2. ख
3. ग
4. क
5. ख
6. ग
7. क
8. ग
9. ख
10. क
11. ग
12. ख

Verb
क्रिया

Verb
क्रिया

A क्रिया is same as a verb in English. It is an action. Circle the verbs in the sentences below.

1. मम्मी ने सोनू से कहा, "सोनू तुम मिठाई थाली में सजा दो।"

पर सोनू को मिठाई बहुत पसंद थी।

आधी मिठाई थाली की जगह उसके पेट में चली गई।

मम्मी ने मिठाई का डब्बा वापस ले लिया और कहा
" सोनू, पूजा के बाद मिठाई खायेंगे, अभी नही।"

2. सोनू ने अपना बैकपैक लिया।

सोनू ने अपना सामान भरा।

सोनू ने अपना सोने का बैग लिया।

सोनू घर से निकल पड़ा।

सोनू सड़क पर चलने लगा।

Verb
क्रिया

The क्रिया below are hiding in this square. Find them. Circle them like the first word. Each word goes top to bottom or left to right.

शब्द /Words

चलना	सुनना	हंसना
बोलना	थकना	रोना
खाना	रुकना	टहलना
पीना	देखना	पहनना
नहाना	बताना	समझना
सोना	सताना	ठहरना
जागना	मिलना	पहचानना
पीसना	चाटना	चहकना
डरना	टूटना	नाचना

पी	स	ना	का	रो	बो	क	च	स	च
ना	र	खा	ना	च	ल	ना	च	ता	को
व	लू	सो	न	हा	ना	मि	ल	ना	वा
जा	ग	ना	दे	क	र	सु	ट	च	प
र	रु	रो	ख	प	ह	न	ना	ना	ह
थ	क	ना	ना	मि	ल	ना	क	क	चा
चा	ना	ब	ता	ना	टू	र	स	ना	न
ट	ह	ल	ना	ह	ट	स	म	ड	ना
ना	प	ह	न	ना	ना	ना	झ	र	क
ठ	ह	र	ना	सौ	हं	स	ना	ना	ल

Verb
क्रिया

Babu the bear is only allowed to walk on stones that are marked with a क्रिया
He can only move between stones that touch each other. Can you find a way for Babu to reach his mother sleeping in the den?

Verb
क्रिया

A क्रिया can change its form to represent action in plural or the gender of the object or subject on which the action is done. In general the ending of the verb has the following form:

एकवचन पुल्लिंग: ends in आ
एकवचन स्त्रिलिंग: ends in ई
बहुवचन पुल्लिंग : ends in ए
बहुवचन पुल्लिंग : ends in ईं

	एकवचन	बहुवचन
पुल्लिंग	बच्चा आया।	बच्चे आए।
स्त्रिलिंग	बच्ची आई।	बच्चियाँ आईं।

	एकवचन	बहुवचन
पुल्लिंग	बच्चा खाता है।	बच्चे खाते हैं।
स्त्रिलिंग	बच्ची खाती है।	बच्चियाँ खाती हैं।

Complete the table below for gender and numbers of verbs.

	एकवचन	बहुवचन
पुल्लिंग	बच्चा मुस्कराया।	बच्चे _____
स्त्रिलिंग	बच्ची _____	बच्चियाँ _____

	एकवचन	बहुवचन
पुल्लिंग	बच्चा खेलता है।	बच्चे _____
स्त्रिलिंग	बच्ची _____	बच्चियाँ _____

Verb
क्रिया

In many cases, a **क्रिया** changes its form according to the पुरुष of the subject of sentence.

पुरुष	लिंग	एकवचन	बहुवचन
उत्तम पुरुष	पुल्लिंग	मैं आया।	हम आए।
उत्तम पुरुष	स्त्रिलिंग	मैं आई।	हम आईं।
मध्यम पुरुष	पुल्लिंग	तुम आए।	आप आए।
मध्यम पुरुष	स्त्रिलिंग	तुम आई।	आप आईं।
अन्य पुरुष	पुल्लिंग	वह आया।	वह लोग आए।
अन्य पुरुष	स्त्रिलिंग	वह आई।	वह लोग आईं।

Complete the table below for gender and numbers of verbs.

पुरुष	लिंग	एकवचन	बहुवचन
उत्तम पुरुष	पुल्लिंग	मैं सोया।	हम ________
उत्तम पुरुष	स्त्रिलिंग	मैं ________	हम ________
मध्यम पुरुष	पुल्लिंग	तुम ________	आप ________
मध्यम पुरुष	स्त्रिलिंग	तुम ________	आप ________
अन्य पुरुष	पुल्लिंग	वह ________	वह लोग ________
अन्य पुरुष	स्त्रिलिंग	वह ________	वह लोग ________

Verb
क्रिया

Fill in the blanks with a सर्वनाम in the right पुरुष to match the क्रिया.

1. उत्तम पुरुष

    ________ चले गए।

2. मध्यम पुरुष

    ________ लोग आए।

3. अन्य पुरुष

    ________ लड़कियाँ चली गईं।

4. अन्य पुरुष

    ________ औरत खुश है।

5. उत्तम पुरुष

    ________ जाने वाला हूँ।

6. उत्तम पुरुष

    ________ जाने वाले हैं।

7. मध्यम पुरुष

    ________ बैठो।

8. मध्यम पुरुष

    ________ बैठिये।

1. हम	5. मैं
2. तुम	6. हम
3. वो	7. तुम
4. वह	8. आप

Adverb
क्रियाविशेषण

Adverb
क्रियाविशेषण

A क्रियाविशेषण tells the attributes or properties of a verb or क्रिया. It can:

Indicate the time when the action was performed
        राम <u>कल</u> आयेगा।
        <u>जब</u> धर्म की हानी होगी, <u>तब</u> प्रभु अवतार लेंगे।
        तुम <u>हमेशा</u> सोते रहते हो।
        राम सुनहरे हिरण के <u>पीछे</u> भागे।

    Other similar adverbs are:
    यदा, कदा, तभी, तत्काल, निरंतर, शीघ्र, पूर्व, बाद, अब, कल, अभी, फिर, कभी ...

Indicate the place where the action was performed

        मोहन <u>बाहर</u> आया।
        तुम <u>किधर</u> छुपे हो।
        वह दिल्ली के <u>पास</u> रहता है।

    Other similar adverbs are:
    भीतर, अंदर, यहाँ, वहाँ, इधर, उधर, कहाँ, जहाँ, दूर, इस ओर, उस ओर, ...

Indicate the magnitude or amount of action that was performed
        मैं <u>बहुत</u> चला हूँ।
        बीमारी में <u>कम</u> खाना चहिये।
        <u>बहुधा</u> देखा जाता है कि ...

    Other similar adverbs are
    थोड़ा-थोड़ा,, अधिक, अल्प,, कुछ,, कम, प्रायः ....

Indicate the manner is which the action was performed
        घोड़ा <u>तेज</u> दौड़ता है।
        नदी <u>धीरे</u> बह रही थी।
        वह <u>जरूर</u> आयेगा।
        मैं झूठ <u>कभी नही</u> बोलूंगा।

    Other similar adverbs are
    अचानक, सहसा, एकाएक, झटपट, बेशक, शायद, कभी नहीं, ...

Adverb
क्रियाविशेषण

Fill in the missing blank boxes with a **क्रियाविशेषण** from the box shown below. Write each word so that only one syllable (a consonant or consonant cluster with a matra) is in each box. Now copy the syllables in the boxes marked with special symbols in the bottom line to find out what the secret message on this page is.

टौमी कुछ [☆][ ][ ] [ ][ ] बैठा था।

बाहर एक चिड़िया [✸][ ][ ] बोल रही थी।

टौमी का ध्यान [ ][ ][ ][◇] टूट गया।

वह [ ][ ][ ][ ] [ ][ ][ ] निकला।

वह चिड़िया के [ ][ ] [ ][⌖][ ][✖] आया।

फिर वह चिड़िया पर [⊙][ ][ ][ ] तरीके से झपटा।

पर चिड़िया [ ][ ][ ][ ] उड़ गई।

सूचीः
अचानक, चुपके से, जोरसे, धीरे धीरे, पास, भयंकर, बचकर, सोचते हुये,

Secret Message: [✸] [◇][⌖] [☆] [⊙][✖]

Adverb
क्रियाविशेषण

Write four क्रियाविशेषण you may use with the क्रिया in the center, e.g. धीरे चलना।

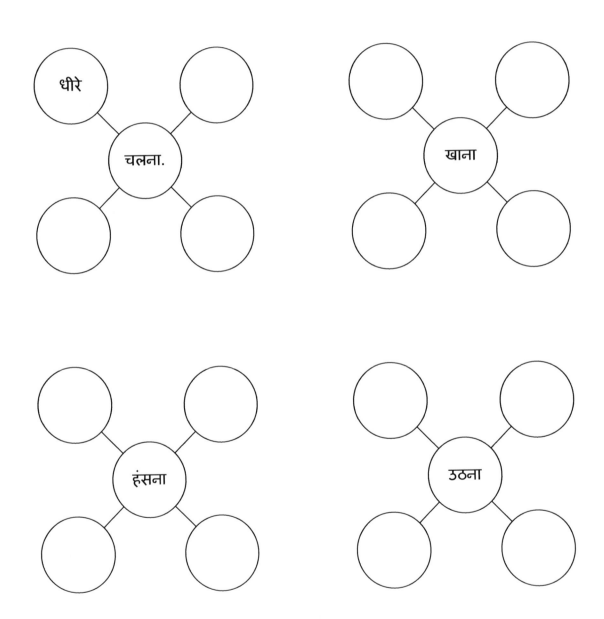

Adverb
क्रियाविशेषण

The क्रियाविशेषण below are hiding in this square. Find them. Circle them like the first word. Each word goes top to bottom or left to right.

शब्द /Words

हमेशा	अंदर	दाएँ
जब	यहाँ	बाएँ
तब	वहाँ	ऊपर
तभी	किधर	नीचे
बाद	उधर	बहुत
पीछे	इधर	कुछ
अब	कहाँ	बाहर
कल	जहाँ	अचानक
भीतर	पास	सहसा
बाहर	दूर	झटपट

मे	त	बा	पी	स	प	ला	दि	य	व
ज	ब	ज	छे	ह	मे	शा	क	य	हाँ
या	कु	बा	प	ह	ली	कि	न	च	ले
द	छ	ह	व	ल	इ	ध	र	तो	र
अं	द	र	ट	ज	ध	र	स	ट	ना
उ	प	र	क	हाँ	ह	ट	के	नी	चे
प	र	म	दू	जा	स	झ	ट	प	ट
पा	स	क	र	व	ह	र	बा	त	भी
ट	ब	हु	त	स	सा	दा	एँ	मा	त
अ	चा	न	क	म	स	क	बा	ह	र

Adverb
क्रियाविशेषण

Match the क्रियाविशेषण in left column to the one in right with the opposite meaning.

Left

1. अंदर
2. पास
3. धीरे
4. इधर
5. उपर
6. अधिक
7. जरूर
8. हमेशा
9. अभी
10. झटपट
11. अच्छा
12. दाएँ

Right

क. दूर
ख. बाहर
ग. उधर
घ. तेज
ङ. कम
च. नीचे
छ. फिर कभी
ज. मत
झ. धीरेधीरे
ञ. कभी नही
ट. बाएँ
ठ. बुरा

Answers:
1. ख
2. क
3. घ
4. ग
5. च
6. ङ
7. ज
8. ञ
9. छ
10. झ
11. ठ
12. ट

Tense
काल

Tense
काल

Any **क्रिया** can represent an action in the past, present of future. This is represented by the tense or **काल.** The three **काल** are भूतकाल (past), वर्तमानकाल (present) and भविष्यकाल (future). The format of the **क्रिया** depends on the tense. Each tense has different variations as well.

The सामान्य वर्तमानकाल (ordinary present) shows an action happening at present.

बच्चा सोता है।
श्याम खत पढ़ता है।
राम आता है।

The अपूर्ण वर्तमानकाल (incomplete present tense) shows an action that is happening at present and will continue for some time.

बच्चा सो रहा है।
श्याम खत पढ़ रहा है।
राम आ रहा है।

The संदिग्ध वर्तमान (doubtful present tense) shows an action that may or may not be happening at present.

बच्चा सोता होगा।
श्याम खत पढ़ रहा होगा।
राम आ रहा होगा।

The सामान्य भविष्यकाल (ordinary future tense) shows an action that will happen in the future.

बच्चा सोयेगा।
श्याम खत पढ़ेगा।
राम आयेगा।

The संदिग्ध भविष्यकाल (doubtful future tense) shows an action that may or may not happen in the future.

लगता है कि बच्चा सोयेगा।
हो सकता है कि श्याम खत पढ़े।
शायद राम आये।

The manner in which the verbs change for each of the tense is followed by most other verbs.

Past Tense
भूतकाल

भूतकाल (past tense) has more variations than the other two tenses. The common ones are shown below.

The सामान्य भूतकाल (ordinary past tense) shows an action in past at unknown time.
    बच्चा सोया।
    श्याम ने खत पढ़ा।
    राम आया।

The आसन्न भूतकाल (imminent present tense) shows an action that just happened.
    बच्चा सोया है।
    श्याम ने खत पढ़ा है।
    राम आया है।

The अपूर्ण भूतकाल (incomplete past tense) shows an action that happened and may be continuing at present.
    बच्चा सो रहा था।
    श्याम खत पढ़ रहा था।
    राम आ रहा था।

The पूर्ण भूतकाल (complete past tense) shows an action that happened and is not continuing at present.
    बच्चा सोया था।
    श्याम ने खत पढ़ा था।
    राम आया था।

The संदिग्ध भूतकाल (doubtful past tense) shows an action that may or may not happen in the future.
    बच्चा सोया होगा।
    श्याम ने खत पढ़ा होगा।
    राम आया होगा।

Tense
काल

Translate the following sentences into Hindi preserving the tense of the sentence.

1. Ram goes

राम ________

2. Ram went

राम ________

3. Ram just went.

राम ________

4. Ram was going.

राम ________

5. Ram may have gone.

राम ________

6. Ram may go.

शायद राम ________

7. Ram will go tomorrow.

कल राम ________

8. Ram is going.

राम ________

1. राम जाता है। (सामान्य वर्तमान)
2. राम गया। (सामान्य भूत)
3. राम गया है। (आसन्न भूत)
4. राम जा रहा था। (अपूर्ण भूत)
5. राम गया होगा।(संदिग्ध भूत)
6. शायद राम जाये। (संदिग्ध भविष्य)
7. कल राम जायेगा। (सामान्य भविष्य)
8. राम जा रहा है। (अपूर्ण वर्तमान)

Tense
काल

Chichi the Mouse is only allowed to hop onto hexagons that contain a वाक्य in भूतकाल .
Find a way for Chichi to reach a piece of cheese.

राम गया है।

राम ने गाया था।

राम गया था।

बच्चा रोता है।

मोहन गया होगा।

तुम देख रहे हो।

तुमने देखा होगा।

बच्चे खेलेंगें।

बकरी घूमती है।

गाय खो गई थी

गाय दूध देती है।

फूल खिला था।

फूल खिलते थे ।

विमान उड़ेगा।

मैंने सोचा है।

लोग मिले थे।

दोस्त आया था।

कलियाँ खिलेंगीं।

Tense
काल

Rewrite the sentence in the center according to the tense shown in other boxes.

अपूर्ण वर्तमान

संदिग्ध वर्तमान

सामान्य वर्तमान

अमित देखता है।

सामान्य भविष्य

संदिग्ध भविष्य

अपूर्ण भूत

आसन्न भूत

सामान्य भूत

अमित चला।

पूर्ण भूत

संदिग्ध भूत

सामान्य भूत

संदिग्ध वर्तमान

सामान्य वर्तमान

अमित खेलता है।

सामान्य भविष्य

पूर्ण भूत

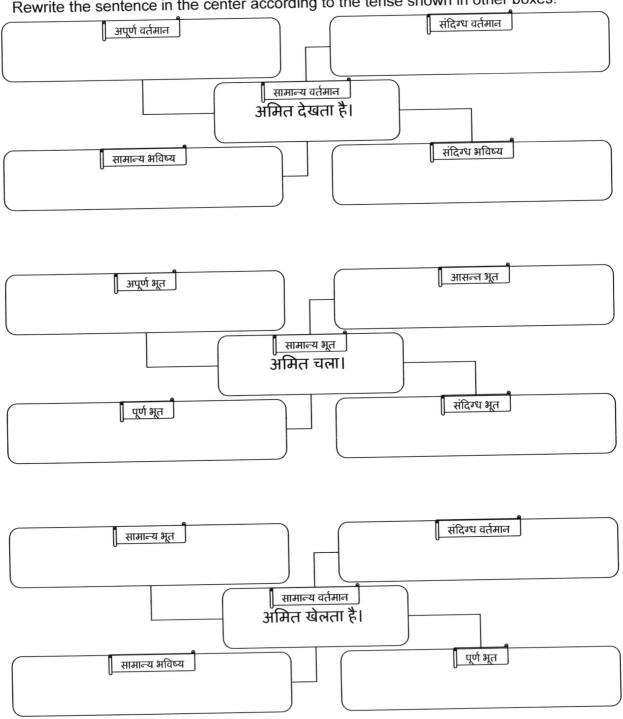

Avyaya
अव्यय

Avyaya
अव्यय

A अव्यय is a word that does not describe anything, but adds as a qualifier or adds the description to another word. The closest in English would be prepositions. The three types of अव्यय are संबंधबोधक, समुच्चयबोधक and विस्मयादिबोधक .

A संबंधबोधक अव्यय shows the relations between two nouns or pronouns.

Examples include:
किले पर झंडा लहरा रहा है।
मैं शाम तक पूजा करता हूँ।
भगवान के सिवा कौन हमारी मदद करेगा।

Note: Some words act both like संबंधबोधक अव्यय and क्रियाविशेषण. When they are used with a क्रिया, they are क्रियाविशेषण, and when used with a संज्ञा they are संबंधबोधक अव्यय. Example:
घर के अंदर एक कमरा था। (अंदर is संबंधबोधक अव्यय)
अंदर आओ। (अंदर is क्रियाविशेषण)

A समुच्चयबोधक अव्यय combines two words, phrases or sentences.

Examples include:
लव और कुश ने घोड़े को पकड़ लिया।
आज मेरा रसगुल्ला या जलेबी खाने का मन है।
वह अमीर है पर बहुत कंजूस है।

A विस्मयादिबोधक अव्यय is an exclamation – it expresses an emotion like surprise, shame or greeting.

Examples include:
वाह! क्या सुंदर तस्वीर है।
उफ ! कितनी गरमी है।
जी हाँ, मैं यही करूंगा।

Avyaya
अव्यय

Translate the following sentences into Hindi by providing the missing अव्यय.

1. Fruit is on the tree.

    फल पेड़ ———— है।

2. Mughal and English armies fought at Plassey.

    मुगल ———— अंग्रेजी सेनायें पलासी ———— लड़ीं।

3. He is not literate, but is very smart.

    वह पढ़ेलिखे नही हैं ———— बहुत चतुर हैं।

4. Give me the red or green shirt.

    मुझे लाल ———— हरी कमीज दो।

5. The shop is open till five.

    दुकान पाँच बजे ———— खुली है।

6. Go near him.

    उसके ———— जाओ।

7. Ram went first.

    ———— राम गया।

8. Mohan went after him.

    उसके ———— मोहन गया।

1. पर	5. तक
2. और, में	6. पास
3. पर or परन्तु	7. पहले
4. या	8. बाद

Avyaya
अव्यय

Some अव्यय have opposite meanings to other अव्यय. Match the antonyms in the two columns.

Left	Right
1. प्रतिकूल	क. रहित
2. बिना	ख. अनुकूल
3. सहित	ग. बाद
4. पहले	घ. संग
5. निकट	ङ. भीतर
6. ऊपर	च. पीछे
7. बाह्र	छ. दूर
8. आगे	ज. नीचे

Answers:

1. ख	5. छ
2. घ	6. ज
3. क	7. ङ
4. ग	8. च

Sentence
वाक्य

Sentence
वाक्य

A वाक्य (sentence) in Hindi contains of a structure which consists of one verb-phrase and many noun/pronoun phrases. In order to understand the structure of a sentence, we need to learn three concepts – पद (phrase), कारक (case) and वाच्य (voice).

पद – There are two types of phrases - क्रियापद and संज्ञापद. A क्रियापद consists of one or more क्रियाविशेषण (adverbs) followed by a क्रिया (verb). A संज्ञापद consists of one or more विशेषण followed by either a संज्ञा or सर्वनाम, which may be followed by an अव्यय.

कारक - The कारक (case) tells what the role of a noun or pronoun is in the sentence. The अव्यय at the end of the संज्ञापद would typically define the कारक. The different types of कारक (explained further on next page) are कर्ता,कर्म,करण,संप्रदान, अपादान, अधिकरण, संबंध and संबोधन.

वाच्य - As we have seen before, क्रिया, संज्ञा and सर्वनाम take different forms depending on the gender and number. The वाच्य (voice) tells if the क्रिया in the क्रियापद needs to match in form (gender/number) with any of संज्ञा or सर्वनाम in संज्ञापद.

वाक्य - The general format of a sentence in Hindi:

[कर्ता ने] [कर्म को] [करण से] [संप्रदान के लिए] [अपादान से] [अधिकरण में] क्रिया।

The nice thing about the sentence structure of Hindi is that you can move any of the phrases around without changing the meaning of the sentence. As an example, consider the following sentence.

    राम ने रावण को बाण से मारा।
We can mark the different पद as:
    [राम ने] कर्ता [रावण को] कर्म [बाण से] करण [मारा] क्रिया।
Now, we can move the different phrases around in any order without changing the meaning of the sentence.
    रावण को राम ने बाण से मारा।
    बाण से राम ने रावण को मारा।
    मारा राम ने रावण को बाण से।

Any of the possible 24 different arrangements you can make with these phrases will have exactly the same meaning.

Case
कारक

Case
कारक

The कर्ता is the noun or pronoun that takes an action. The कर्ता is usually followed by ने. It can also occur without the ने in some cases.
Examples:
  राम आ रहा है।   [राम] कर्ता [आ रहा है] क्रिया।
  राम ने मारा।   [राम ने] कर्ता [मारा] क्रिया।

The कर्म is the noun or pronoun on which an action is done. The कर्म is usually followed by को. It can also occur without the को in some cases.
Example:
  राम ने रावण को मारा।   [राम ने] कर्ता [रावण को] कर्म [मारा] क्रिया।

The करण is the noun or pronoun used to perform the action. It is followed by से.
Example:
  राम ने रावण को बाण से मारा। [राम ने] कर्ता [रावण को] कर्म [बाण से] करण [मारा] क्रिया।

The संप्रदान is the noun or pronoun for whom or for whose benefit the action is performed. It is followed by either के लिए or को.
Example:
  राम ने सीता के लिए रावण को मारा। [राम ने] कर्ता [सीता के लिए] संप्रदान [रावण को] कर्म [मारा] क्रिया।

The अपादान is the noun or pronoun from which the action separates something. It is followed by से.
Example:
  रावण रथ से गिरा।   [रावण] कर्ता [रथ से] अपादान [गिरा] क्रिया।

The संबंध is the noun or pronoun which is related to another noun or pronoun. It is followed by one of का, के, की, रा, रे, री .
Example:
  सीता के पति ने रावण को मारा। [सीता के] सम्बंध [पति ने] कर्ता [रावण को] कर्म [मारा] क्रिया।

The अधिकरण is the noun or pronoun upon which the action happens. It is followed by में or पर.
Example:
  राम ने रावण को लंका में मारा। [राम ने] कर्ता [रावण को] कर्म [लंका में] अधिकरण [मारा] क्रिया।

The संबोधन is the noun or pronoun which is addressed in a sentence.
Example:
  हे राम, मेरी रक्षा करो। [हे राम,] संबोधन [मेरी] संबंध [रक्षा] कर्म [करो] क्रिया।

Case
कारक

Connect the name of the कारक in the boxes below to all of the underlined phrases that are in that कारक.

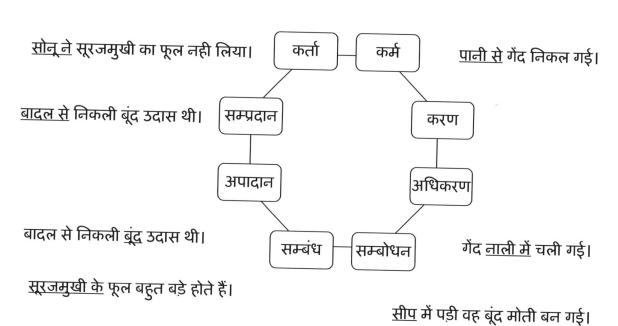

मुनि ने रत्नाकर से पूछा – यह पाप किसके लिए कर रहे हो।

सोनू रोने लगा।

मम्मी ने सोनू को सूरजमुखी का फूल दिखाया।

सोनू ने सूरजमुखी का फूल नही लिया।

पानी से गेंद निकल गई।

बादल से निकली बूंद उदास थी।

बादल से निकली बूंद उदास थी।

गेंद नाली में चली गई।

सूरजमुखी के फूल बहुत बड़े होते हैं।

सीप में पड़ी वह बूंद मोती बन गई।

हे राम, तेरे सिवा मेरा कौन है।

सोनू ने कहा – मम्मी, मैं बड़ा बच्चा हूँ।

79

Case
कारक

Write the form of the word in the center in the different कारक as shown for first one.

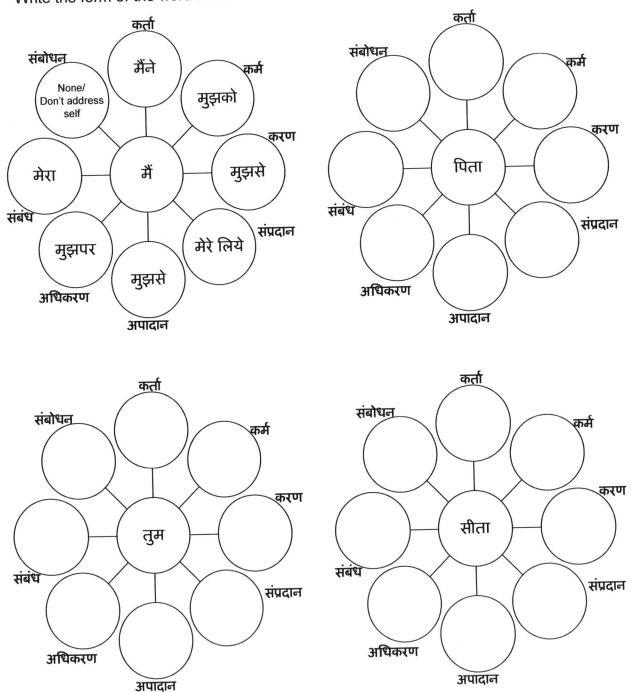

Case
कारक

Babu the bear is only allowed to walk on stones that are marked with a संज्ञा or सर्वनाम in the कर्ता कारक. He can only move between stones that touch each other. Find a way for Babu to reach his mother sleeping in the den.

Case
कारक

Chichi the Mouse is only allowed to hop onto hexagons that are marked with a संज्ञा or सर्वनाम in the संबंध कारक. Find a way for Chichi to reach a piece of cheese. Which cheese piece does he get to eat?

Answer: He reaches cheese piece 3

Voice
वाच्य

Voice
वाच्य

In a sentence क्रिया, संज्ञा and सर्वनाम take different forms depending on the gender and number. The वाच्य (voice) tells if the क्रिया in the क्रियापद needs to match in form (gender/number) with any of संज्ञा or सर्वनाम in संज्ञापद.

There are three types of वाच्य in Hindi.
कर्तृवाच्य – when the क्रिया takes the form (लिंग, पुरुष, वचन) of the कर्ता
कर्मवाच्य – when the क्रिया takes the form (लिंग, पुरुष, वचन) of the कर्म
भाववाच्य – when the क्रिया always takes the form of the पुल्लिंग, अन्य पुरुष, एक वचन

कर्तृवाच्य is generally used when the कर्ता does not carry the ने, such as:
      लड़का गया।
      लड़के गए।
      लड़कियाँ घर गईं।

कर्मवाच्य is generally used when the कर्ता has the ने, but the कर्म does not have the को, or if there is no कर्ता in the sentence, such as:

      लड़के ने किताब पढ़ी।
      खत लिखा गया।

भाववाच्य is generally used when the कर्ता has the ने and the कर्म has the को.
      लड़के ने किताब को पढ़ा।

भाववाच्य is also used when the sentence has neither कर्ता nor कर्म, such as:
      उससे चला नहीं गया।

Voice
वाच्य

Select the right form of the verb in the following sentences.

1. मोहन ने किताब { क. पढ़ा / ख. पढ़ी / ग. पढ़े } ।

2. एक शेर घूम { क. रहा था / ख. रही थी / ग. रहे थे } ।

3. मोहन कार को { क. चलाता है / ख. चलाती ही / ग. चलाते है } ।

4. राज ने मोरों को { क. देखा / ख. देखी / ग. देखे } ।

5. लड़के खेल में { क. जीत गया / ख. जीत गई / ग. जीत गये } ।

6. सारे बंदर डर कर { क. भागा / ख. भागी / ग. भागे } ।

7. मेरे हाथ से छड़ी { क. गिर गया / ख. गिर गई / ग. गिर गये } ।

8. रीना ने मिठाई { क. खाया / ख. खाई / ग. खाये } ।

9. उससे चुप रहा नही { क. गया / ख. गई / ग. गये } ।

10. गुब्बारे { क. छोड़ा गया / ख. छोड़ी गई / ग. छोड़े गये } ।

Answers:
1. ख 5. ग 9. क
2. क 6. ग 10. ग
3. क 7. ख
4. क 8. ख

Voice
वाच्य

Chichi the Mouse is only allowed to hop onto hexagons that contain a वाक्य in कर्मवाच्य. Find a way for Chichi to reach a piece of cheese.

राम गया है।

राम ने गाया था।

खत लिखा गया।

बच्चा रोता है।

मोहन गया होगा।

तस्वीर बनाई गई।

नजारे देखे गये।

बच्चे खेलेंगें।

बकरी घूमती है।

बिस्तर लगाया गया।

गाय दूध देती है।

फूल खिला था।

फूल सजाये गये।

विमान उड़ाया गया।

मैंने सोचा है।

लोग मिले थे।

कार बुलाई गई।

कलियाँ खिलेंगीं।

Synonyms
पर्यायवाची

Synonyms
पर्यायवाची

Two words with the same meaning are called पर्यायवाची. In the circles below, write four other words that are पर्यायवाची with the one in the center. You can use the word list below for convenience.

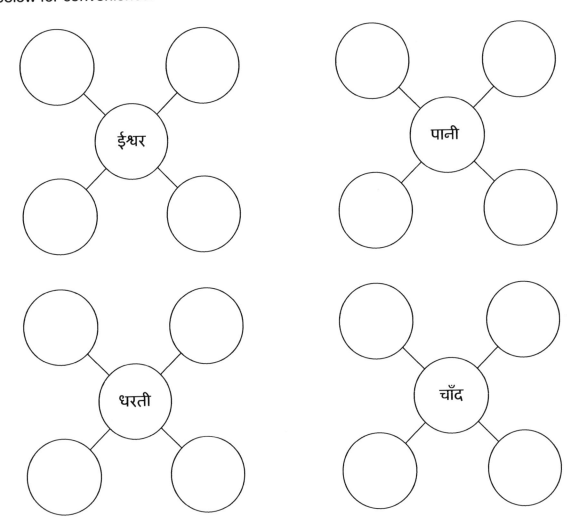

List:

प्रभु, परमेश्वर, भगवान, परमात्मा, जल, वारि, नीर, सलिल, तोय, धरा, मही, पृथ्वी, भूमि चंद्र, चंद्रमा, विधु, शशि, राकेश।

Synonyms
पर्यायवाची

A word can be पर्यायवाची to a phrase. Match the phrase in left column to the पर्यायवाची word in right column.

Left	Right
1. जिसे देखकर भय लगे	क. अनुपम
2. पंद्रह दिन में एक बार होने वाला	ख. निशाचर
3. दया करने वाला	ग. मीनाक्षी
4. जो आँखों के सामने हो	घ. सर्वज्ञ
5. मास में एक बार आने वाला	ङ. शरणागत
6. जिसका आचरण अच्छा न हो	च. हिंसक
7. हिंसा करने वाला	छ. मासिक
8. जो शरण में आया हो	ज. प्रत्यक्ष
9. सब कुछ जानने वाला	झ. दयालु
10. मछली की तरह आँखों वाली	ञ. भयानक
11. रात में घूमने वाला	ट. दुराचारी
12. जिसकी कोई उपमा न हो	ठ. पाक्षिक

Answers:
1. ञ 2. ठ 3. झ 4. ज 5. छ 6. ट 7. च 8. ङ 9. घ 10. ग 11. ख 12. क

Antonyms
विपरीतार्थक

Antonyms
विपरीतार्थक

A word can be विपरीतार्थक or विलोम to another word or phrase if it has the opposite meaning. Match each word in left column to the विपरीतार्थक word in right column.

Left	Right
1. आजादी	क. प्रतिकूल
2. अनुकूल	ख. सम्मान
3. अनुराग	ग. गुलामी
4. अभिमान	घ. विराग
5. अपमान	ङ. रात
6. मीठा	च. हानि
7. दिन	छ. नम्रता
8. धूप	ज. झूठ
9. लाभ	झ. कड़वा
10. शुभ	ञ. बुराई
11. सच	ट. अशुभ
12. भलाई	ठ. छाँव

Answers:
1. ग
2. क
3. घ
4. छ
5. ख
6. झ
7. ङ
8. ठ
9. च
10. ट
11. ज
12. ञ

Antonyms
विपरीतार्थक

Complete the sentences below by writing in the विपरीतार्थक or विलोम word for the underlined words. The antonyms can be found in the table below.

1. यह केला <u>कच्चा</u> नही, ________ है।

2. राम <u>बेवकूफ</u> नही, ________ है।

3. दिल्ली कोई <u>छोटा</u> शहर नही, बहुत ________ नगर है।

4. नदी <u>धीमी</u> नही, ________ है।

5. समय <u>ज्यादा</u> नही, ________ है।

6. घर <u>नया</u> नही, ________ है।

7. घड़ी <u>सस्ती</u> नही, ________ है।

8. चूहा <u>ताकतवर</u> नही, ________ जानवर है।

9. हारने वाला <u>खुश</u> नही, ________ होता है।

सूची/List

महगी	पुराना	कम
तेज	बड़ा	चालाक
पका	उदास	कमजोर

Publications of Chanda Books

Level 1 Hindi:
- Aamoo the Aam
- Aamoo the Aam – Part II
- Aamoo the Aam – Part III
- Hindi Children's Book Level 1 Easy Reader

Level 2 Hindi:
- Tara Sitara
- Tara ke Kisse
- Hindi Children's Book Level 2 Easy Reader

Level 3 Hindi:
- Sonu ke Kisse
- Sonu ke Afsane
- Sonu ke Tyohar
- Hindi Children's Book Level 3 Easy Reader

Activity Books:
- Learn Hindi Alphabet Activity Workbook
- Learn Hindi Vocabulary Activity Workbook
- Learn Hindi Grammar Activity Workbook
- Hindi Activity Workbook
- Hinduism for Children Activity Workbook
- Learn Bengali Alphabet Activity Workbook
- Learn Bengali Vocabulary Activity Workbook

Alphabet Books:
- Bengali Alphabet Book
- Gujarati Alphabet Book
- Hindi Alphabet Book
- Marathi Alphabet Book
- Punjabi Alphabet Book

Others:
- Bhajan Ganga
- Indian Culture Stories: Sanskar
- South Asian Immigration Stories

For an updated list, visit us at http://www.chandabooks.com

9777652R0

Made in the USA
Lexington, KY
27 May 2011